救生船
驾驶教材

主 编 曲 春

副主编 彭林武 周自厚

编写人员 周东宁 王爱忱 辛 婧

主 审 康 鹏

中国海洋大学出版社
·青岛·

图书在版编目（CIP）数据

救生船驾驶教材／曲春主编 . —青岛：中国海洋大学出版社，2023.4

ISBN 978-7-5670-3401-3

Ⅰ.①救…　Ⅱ.①曲…　Ⅲ.①打捞救生船—船舶驾驶—教材　Ⅳ.① U674.23

中国国家版本馆 CIP 数据核字（2023）第 033264 号

出版发行	中国海洋大学出版社	
社　　址	青岛市香港东路23号	**邮政编码**　266071
网　　址	http://pub.ouc.edu.cn	
出 版 人	刘文菁	
责任编辑	矫恒鹏	**电　　话**　0532-85902349
电子信箱	2586345806@qq.com	
印　　制	青岛中苑金融安全印刷有限公司	
版　　次	2023年4月第1版	
印　　次	2023年4月第1次印刷	
成品尺寸	210 mm × 285 mm	
印　　张	4	
字　　数	122千	
印　　数	1—2000	
定　　价	58.00元	
订购电话	0532-82032573（传真）	

发现印装质量问题，请致电0532-85662115，由印刷厂负责调换。

前言

本书为中国帆船帆板运动协会与国家体育总局青岛航海运动学校合作开发的"帆船赛事活动安全管理参考手册及安全官、救生员培训体系"的配套教材，旨在为帆船帆板赛事活动培养一批驾驶技术过硬且水上安全意识与应变能力较强的救生船驾驶员。

教材编写组查阅了大量国内外现有动力艇驾驶相关资料，在结合国内帆船帆板运动开展特点的基础上，梳理编写大纲，开展专项调研，充分征询相关专家意见与建议，并根据书中所述知识点，结合实操，拍摄了大量图片素材，最终完成了本书的编写。

本书的主要内容包含船只及个人装备、船只操控、与竞赛委员会协作、救生船施救指引等，图文结合，较为生动、形象地体现了救生船驾驶相关教学目标。

感谢参与本教材编写及编辑工作的所有人员的辛勤劳动与对帆船帆板运动事业的奉献！感谢中国帆船帆板运动协会对本教材出版编印工作的大力支持！

目录

第1章　船只及个人装备

1.1　个人装备

　　在竞赛期间，救生船通常第一个下水，最后一个回岸。因此，建议救生员在水上工作时准备好个人装备。包括救生衣、合适的衣物、对讲机、手机、帽子、墨镜、手套、防晒霜、饮用水、食品、个人药品等。

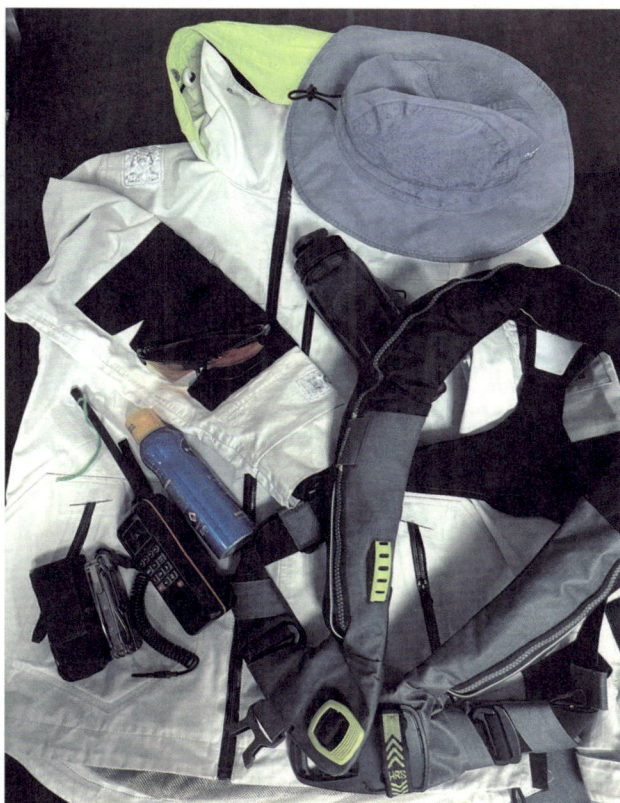

常用的个人装备

1.2　船只选择

　　由于救生船需要对选手以及船只进行援助，因此建议选择长度不超过8米的硬底橡皮艇

（RIB）。充气气囊可以提供大量冗余浮力，并提升船只在复杂海况中的稳定性，救援时也可以保护选手及船只。深V船底有良好的破浪性能，适合高速航行。救生船通常以舷外机为动力，可以改变推进力的方向，具有较好的灵活性。

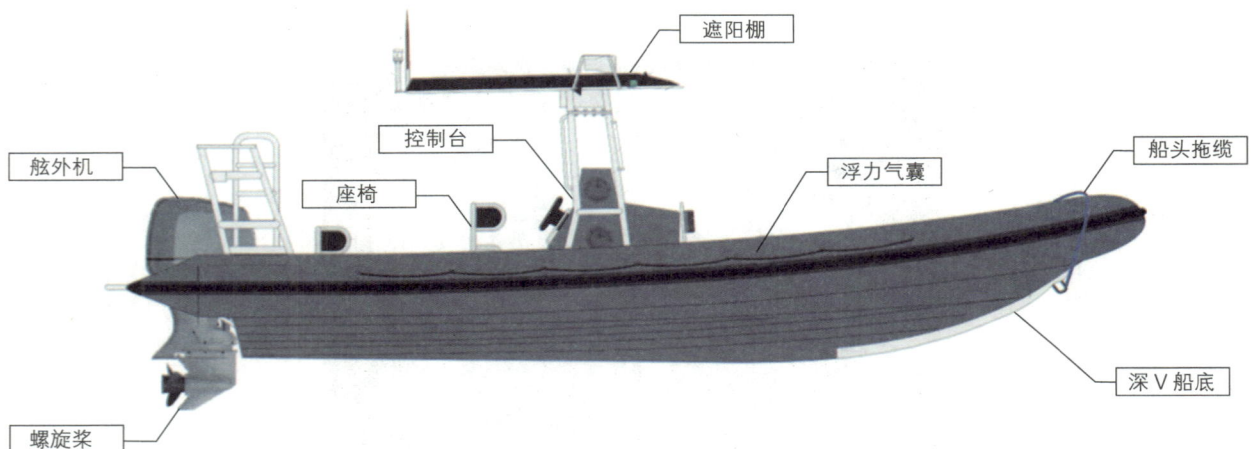

硬底橡皮艇

1.3 船上装备

救生船上应准备的装备包括但不限于：

● 官方旗帜	● 水瓢
● 无线对讲机	● 水手刀、钢丝钳
● 按船员人数配备的标准救生衣	● 船只拖带装备
● 船首缆	● 基本急救箱
● 备用缆绳	● 急救保暖毯
● 锚、备用锚以及锚链	● 饮用水
● 音响设备	● 防晒霜

●防水纸、记录夹板和笔　　　　　●选手救援标记（用于标记选手已被救援的船只）

●帆号对照表

1.4　安全熄火绳

在驾驶救生船时，应随时将安全熄火绳绕过腿部扣好。如果驾驶员离开驾驶台或者意外落水，安全熄火绳会被拔出，发动机会立即熄火，防止船只失控或伤害他人。

1.5　离开泊位前

救生船离开泊位前，应进行如下检查：

●检查气囊是否漏气；

●整理船内绳索、浮标等器材；

●检查油量，连接外置油箱（如有），打开通气阀；

●操作俯仰将发动机降下；

●检查方向控制是否灵活；

●确认螺旋桨周围无绳索；

●佩戴好安全熄火绳，将发动机置于空挡，拧钥匙启动发动机；

●检查冷却水是否正常喷出；

●检查安全熄火绳是否正常工作（拔掉后发动机是否熄火）；

●短暂挂入前进、倒退挡，确认发动机工作正常。

1.6　船只常见故障排查

救生员应确保其船只能够正常运作，如发现问题，需及时协调解决。以下是船只的一些常见问题及检查方法：

（1）拧钥匙无反应：依次检查安全熄火绳是否装好、电源总开关是否打开，电瓶连接是否牢固，电瓶是否有电。

（2）起动机工作，但发动机无法启动：依次检查熄火绳是否装好，捏手油泵供油，检查油箱通气阀是否打开，检查油箱是否有油，检查油品质量。

（3）发动机可以启动，挂挡后熄火：检查螺旋桨是否缠绕。

（4）方向盘空转：检查液压油量，液压系统排气。

第 2 章　船只操控

2.1　基本操作

驾驶救生船时，应一手控制方向盘，一手控制操纵杆（挡位及油门）。如方向控制出现问题，可以立即挂入空挡。如油门挡位控制故障，可以拉掉安全熄火绳将发动机熄火。

挂挡时应动作干脆，避免脱挡。在前进挡和倒退挡之间切换时，应先在空挡停顿一下，再继续挂挡，否则容易损坏变速箱。

在狭小空间驾驶时，应避免使用大油门，且应遵循先转舵、后挂挡的原则。

2.2　船只操控影响因素

船只在航行时，会受到多种环境因素的影响，救生船驾驶员应全面考虑，以保证人员和船只的安全。

风对船只的影响

风对船只会造成两方面影响：

（1）船只静止时，由于风的影响，船会向下风方向移动，移动速度取决于：

① 船只的重量：较重的船起速更慢。

② 船的形状及尺寸：受风面大的船只移动速度更快。

③ 船底类型：船体大、吃水深的船只由于阻力较大，移动速度相对较慢。

（2）由于风的影响，不管初始状态下船头的朝向如何，船头最终会转到与风向呈约90° 夹角的位置。

在风力影响下，船头朝向会随风摆动到与风向呈约 90° 夹角的位置

风对船头朝向的影响

水流对船只的影响

水流对船只的作用像一个传送带，会将船只推向水流的方向。在靠泊时，船只顶流更容易控制速度，且具有更好的舵效。

船只转向中心

由于船只的转向装置及动力装置都位于船尾，因此，在前进时转向，船只会出现"甩尾"的现象，且转向中心通常位于船只的前1/3处。例如：前进时，船头向左转向，船尾会向右甩出。

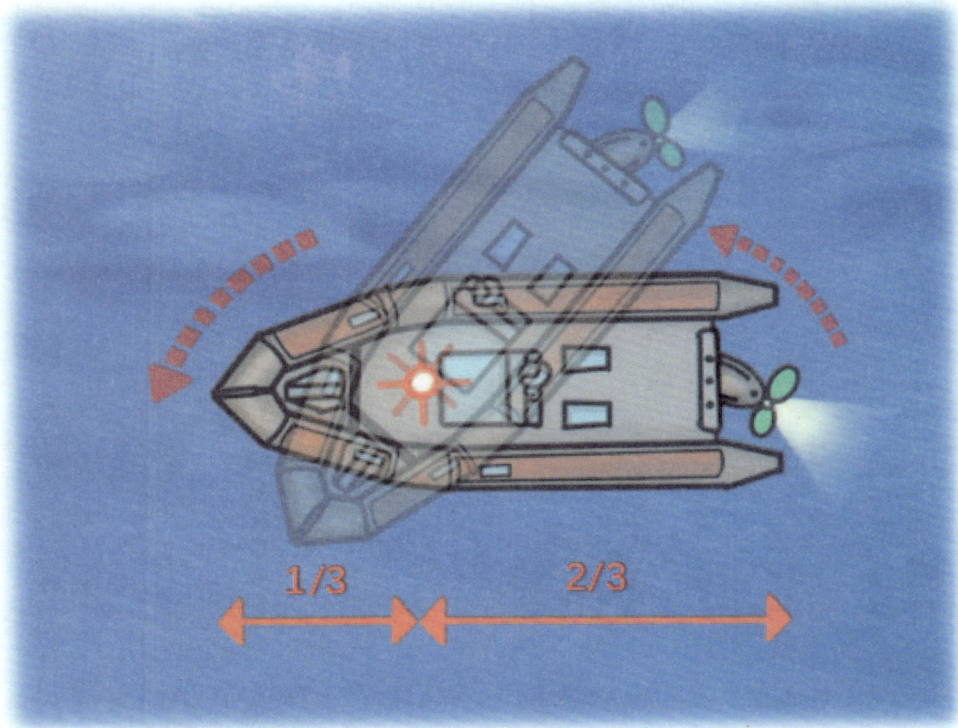

船只前进时的转向中心

　　而在倒退时转向，船只会"甩头"。船只在倒退时，转向中心通常位于船只后1/3处。例如：倒退时，船尾向左转向，船头会向右甩出。

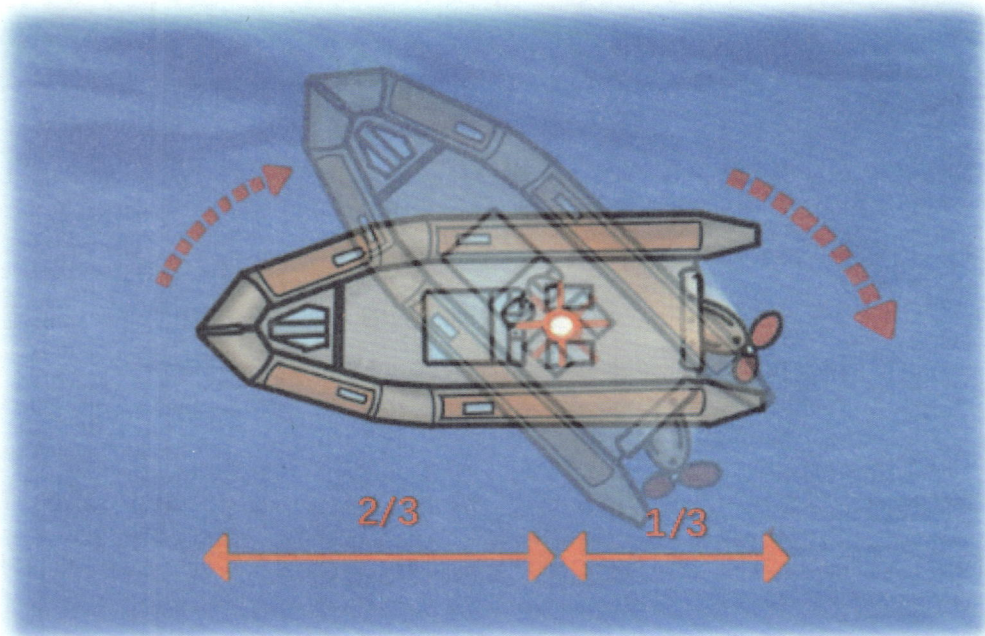

船只倒退时的转向中心

这一情况在低速操控时尤其明显，应特别予以注意，以避免与障碍物发生碰撞。

2.3　高速航行

驾驶救生船高速航行时，应做好瞭望，仔细观察周围环境。在加速、减速、转向前提醒乘客，防止人员意外落水。通常靠近船尾的位置会比船头更加平稳，因此，应考虑将儿童、伤者等乘客安排在靠近船尾的位置。

2.4　避碰规则

在海上航行时，救生船驾驶员应遵守国际海上避碰规则（IRPCAS），保持瞭望，以安全速度航行，避免碰撞。小型动力艇应避让其他类型船只，并遵守以下规则：

狭水道：不要妨碍只能在狭水道或航道以内安全航行的船舶通行。

追越：在追越任何他船时，应给被追越船让路。

与帆船相遇：在遇到帆船时，应予以避让。

两船对遇：当与另一艘机动船在相反的航向上相遇时，应向右转向，从他船的左舷驶过。

交叉相遇：当与另一艘机动船交叉相遇时，应给在本船右舷的船让路。

让路船的行动：须给他船让路的船舶，应尽早地采取大幅度的行动，宽裕地避让他船。

直航船的行动：直航船应保持航向和航速，但应关注他船，做好避让准备。

以上规则适用于互见中的船舶，在低能见度时，应假设本船为让路船。

2.5　落水人员救援

接近落水人员的原则

●综合评估周围环境，选择合适的接近方法，应充分考虑风和涌浪的影响，不需要考虑水流；

●救生船驾驶员应保持螺旋桨远离落水人员；

●接近时应控制速度，避免造成二次伤害；

●如果有撞到落水人员的风险，应及时驶离并重新接近；

●在与落水人员建立接触后，关掉发动机；

●注意观察水中绳索，避免缠绕螺旋桨。

接近落水人员

与落水人员建立接触

接近落水人员的方法：

方法1　下风接近

① 首先决定在哪一侧救起落水人员；② 从下风处缓慢接近，利用空挡控制速度；③ 将船头上风一侧靠近落水人员；④ 接近后，挂空挡并迅速将其抓住，随后将发动机熄火。

优点：① 适合干舷低的船只；② 在风浪大时可以顶浪接近；③ 落水人员不容易被压到船下。

缺点：① 单人驾驶时较为困难；② 船头可能会阻挡驾驶者视线；③ 接触窗口时间较短。

方法2　上风接近

① 航行到落水人员的上风处，通过调整船只的方向及位置，让落水人员位于救生船的正横及下风；② 待风将船吹到落水人员的位置时，将其抓住，随后将发动机熄火。

优点：① 适合干舷较高的船只；② 能够为落水人员提供一定的遮蔽；③ 可以迅速将落水人员移动到干舷最低处登船。

缺点：① 船只侧对风浪时可能有危险；② 落水人员有可能被压到船下。

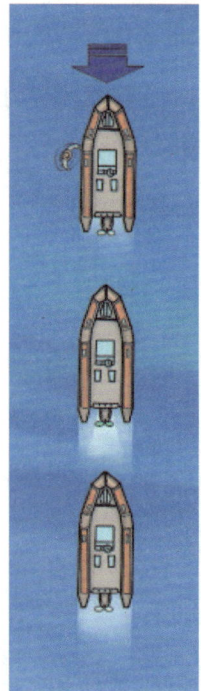

方法 1　下风接近

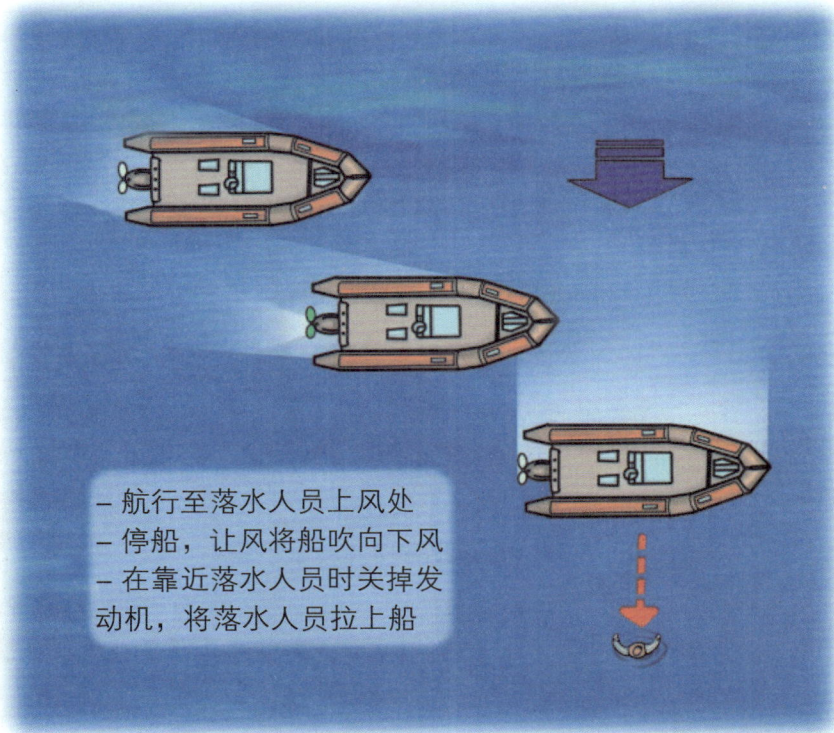

－ 航行至落水人员上风处
－ 停船，让风将船吹向下风
－ 在靠近落水人员时关掉发动机，将落水人员拉上船

方法 2　上风接近

2.6 将落水选手拉上船的方法

与落水选手接触后，将其移动到船只干舷较低容易登船的位置，并协助其上船。可以采用以下几种方法。

方法1：

如果选手没有受伤，救生员可以通过拉拽救生衣或其他衣物的方式协助选手登船。

方法2：

如果选手已经力竭，让选手转身面向船体外侧，双手抱胸，救生员抓住选手救生衣肩带，将选手拉上船。

方法3:

对于体重较重，其他方法无法登船的选手，可以打开气囊阀门，将船只的一截气囊排气，降低干舷高度，帮助选手上船。

选手登船后，可以使用随船的气泵将气囊重新充气。紧急情况下，硬底橡皮艇在部分气囊缺气时也可以航行。

2.7 寻求帮助

在水上工作时，救生船上应携带对讲机、手机等通信工具，并保持通信畅通。除了与团队保持联络外，如果遇到危及生命的情况，可以使用VHF对讲机在海事16频道发出Mayday求救信号，通知周边所有船舶。

无线电求救流程（人员遇到生命危险时）

将海事对讲机调到16频道，按住发射键，连续说出如下内容:

Mayday，Mayday，Mayday，

这里是（船名连续说三遍）_____，_____，_____。

Mayday，这里是（船名说一遍）_____。

我的位置是（GPS坐标或与已知参照物的距离方位）_____。

我遇到_____（求救原因，如人员落水、起火、搁浅、沉没等）。

我需要紧急援助。船上有_____人（船上人数）。

_____（其他可协助搜救的信息，如船只大小、颜色等）。

Over。

发射结束后，松开发射键，守听当前频道等待回复。

第3章 与竞赛委员会协作

救生船团队受竞赛安全官领导，主要工作是为选手提供安全保障，以及在事故发生时进行及时的搜索和救援。救生员应熟悉救生船操作，并具备基础急救知识，能够熟练处置海上常见的应急状况，如低温症、外伤、脑震荡、骨折或脱臼、人员落水等。

3.1 救生船的位置

竞赛前，安全官应在简报会上将比赛区域及前往比赛区域的路径划分为多个巡逻区域，并将其分配给各救生船。各救生船应按照区域划分安排及时到位。

对于一个四边形场地，建议按照下图安排救生船的位置：

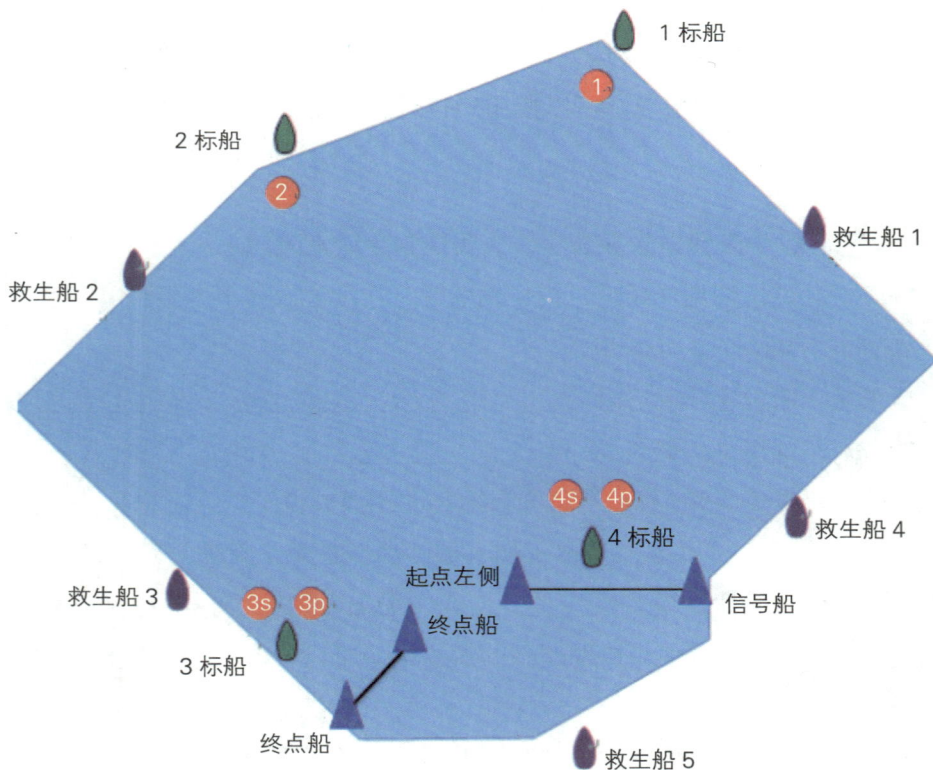

　　所有救生船应在其被分配的巡逻区域工作，或根据安全官指示更换区域。救生船应在所有参加竞赛的船只上岸后返航。

3.2　船只标记

　　救援时应遵循"先救人，再救器材"的原则。在情况危急，需要将选手的船只留在水上时，应在船只上做好标记，让其他船只知道该选手已经得到救助。通常使用红色或橙色的丝带或警示胶带固定在船只的显著位置。

第4章　救生船施救指引

当遇到船只翻覆时，救生员应首先确认选手的安全，评估情况，再确定援助的方法。

4.1 协助扶正的原则

小帆船

如果从船体一侧使用动力拖拽协助，应确保桅杆指向下风侧。这样可以避免船只扶正后再次翻覆。

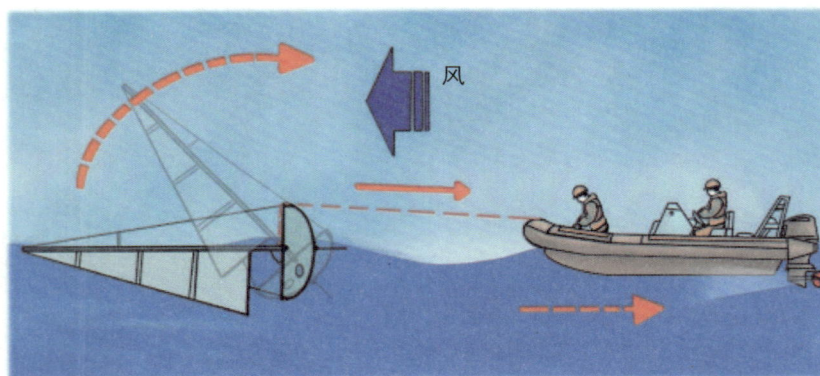

如果抬举桅杆扶正，应确保桅杆处于上风侧。风力可以协助扶正。

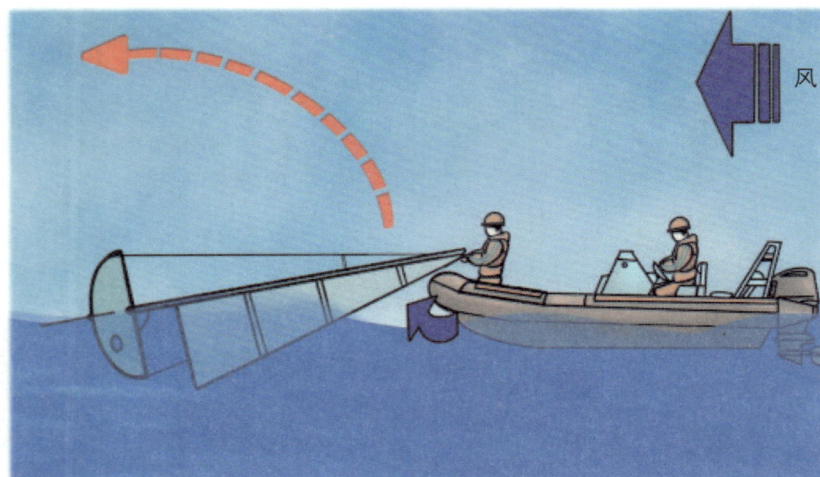

多体船

应将桅杆转向上风侧，利用风力协助扶正。

4.2　协助单人艇

抬举桅杆协助扶正

（1）驾驶救生船至桅杆顶部，将桅杆从水中捞起。

（2）救生员将桅杆向上抬起，选手协助下压稳向板，将船扶正。

（3）船只扶正后，救生员检查选手情况，确保其可以继续航行。

短距离拖带

（1）翻覆的船只需要短距离拖带时，可以使用如下方法：救生船船头与小帆船朝向同一方向，将桅杆和帆搭在救生船上，防止完全翻覆。

（2）将选手接上救生船。

（3）将小帆船拉近至救生船旁边，让选手压住桅杆及帆，将船只拖向航行区域。拖带时注意防止绳索缠绕。

扶正完全翻覆的单人艇

（1）首先将选手拉上救生船，之后靠近完全翻覆的单人艇。

（2）将稳向板完全抽出，在向内拉稳向板的同时，向下压船舷。

（3）扶正至船体与水面呈90°夹角时，将稳向板向内推入一部分，继续拉动较高一侧船舷并下压稳向板，直至船只扶正。

（4）扶正后注意控制船只帆杆，避免造成伤害。

（5）如稳向板掉落，可以使用船桨等物品从船底一侧插入稳向板槽，以协助扶正。扶正时应注意力度，防止船桨折断。

完全翻覆，桅杆触底

在单人艇完全翻覆，桅杆触底的情况下，单靠选手可能无法将船扶正。救生船可以通过拖拽的方式协助。

（1）从翻覆船只船舷较低的一侧接近，将船首缆递给选手。

（2）选手将船首缆固定在桅杆根部。

（3）救生船与单人艇呈90°倒退。

（4）救生船继续向后倒退，将桅杆从水底拉出。

（5）按照之前介绍的方法将船扶正。

4.3　协助多人艇

抬举桅杆协助扶正

（1）救生船航行至桅杆顶部，将桅杆从水中捞起。如船只倾覆时升着球帆，则由选手将球帆落下，收好。

（2）一名选手在船舱一侧，将缭绳及斜拉器松开，抓住压舷带。另一名选手在船底抓住稳向板，准备下压。

（3）救生员将桅杆向上抬起，直到船只扶正。抓住压舷带的选手被"舀"上船后，协助水中的选手登船。

（4）救生员检查选手情况，确保其可以继续航行。

拖船扶正

（1）当选手无法独立将船扶正时，将救生船驶向船只上风处，把船首缆递给选手。

（2）选手将船首缆系在救生船另一侧的侧支索与船体的连接部位。

（3）救生船向后倒退，开始扶正，另一名选手可以通过下压稳向板来进行协助。

（4）在船舱一侧的选手抓住压舷带，在扶正过程中被"舀"上船。

（5）船只扶正后，协助在水中的选手登船。救生船确认选手可以继续航行后收回船首缆。

4.4　协助多体船

抬举桅杆协助扶正

（1）救生船行驶至桅杆顶部，将桅杆从水中捞起。

（2）选手爬上船体，松开缭绳及滑轨，如有球帆，将球帆降下。

（3）救生员扶住桅杆的同时，用救生艇将桅杆转至船体上风侧。

（4）选手抓住船只正船绳，救生员将桅杆向上抬，风力也会帮助船只扶正。

（5）选手应抓住船只横梁，防止船向另一侧翻覆。

（6）船只扶正后，确认选手可以继续航行。

拖船扶正

（1）当选手无法独立将船扶正时，救生船应驶向船底一侧，将船首缆递给选手。要求选手将缭绳及滑轨松开，并将船首缆绕过较高一侧船体上方，与正船绳相连。

（2）救生船向后倒退，保持船首缆与船体呈90°。

（3）选手应抓住横梁，防止船体向另一侧翻覆。

（4）船只扶正后，选手重新登船，确认选手可以继续航行后收回船首缆。

4.5 疑似有选手被困时

（1）如果有选手被困船下，应立即呼叫援助，并尽快将船只扶正。

（2）一名救生员登上翻覆的船只，协助扶正。

（3）救生员和船员一起将船扶正。

（4）救生船经船头驶向船舱一侧，检查船内空间，并通过抓住前支索协助扶正。

（5）船只扶正至90°后，救生员游至船舱一侧协助被困船员脱困。

当单人艇完全翻覆且怀疑选手被困时，由于船体较轻，可以尝试将船头抬举至救生艇气囊上，以便检查是否有选手被困，同时，该操作可为被困船员制造呼吸空间。

4.6 协助帆板

短距离拖带

（1）要求选手坐在板上，驾驶救生船接近帆板桅杆顶部，船头与板体朝向一致。抓住桅杆后，将船熄火。

（2）救生员沿帆前缘将板和选手拉到船边，将稳向板提起（如有），选手登上救生船。

（3）让帆前缘朝向风的方向，选手坐在桅杆上，将帆压住。重新启动发动机，将选手拖带至航行区域。注意：如果顺风拖带，需要将帆反过来，帆前缘朝后放置。

帆、板分离

（1）如需将选手送至安全区域，可以先将帆与板分离。接选手上船后，将帆与板连接的万向节拆开。

（2）帆和板拆开后，将板放置在救生船上，注意保护尾鳍或水翼。

（3）让选手将帆压住，注意将帆前缘朝向风的方向。拖带至安全区域。

水上拆帆

如果风力较大，或拖带距离较远，可以按照前述方法将帆和板分离后，将帆拆掉。

（1）将后帆角松开。

（2）打开帆杆与桅杆连接处的卡扣，拆下帆杆，并放置在救生船内。

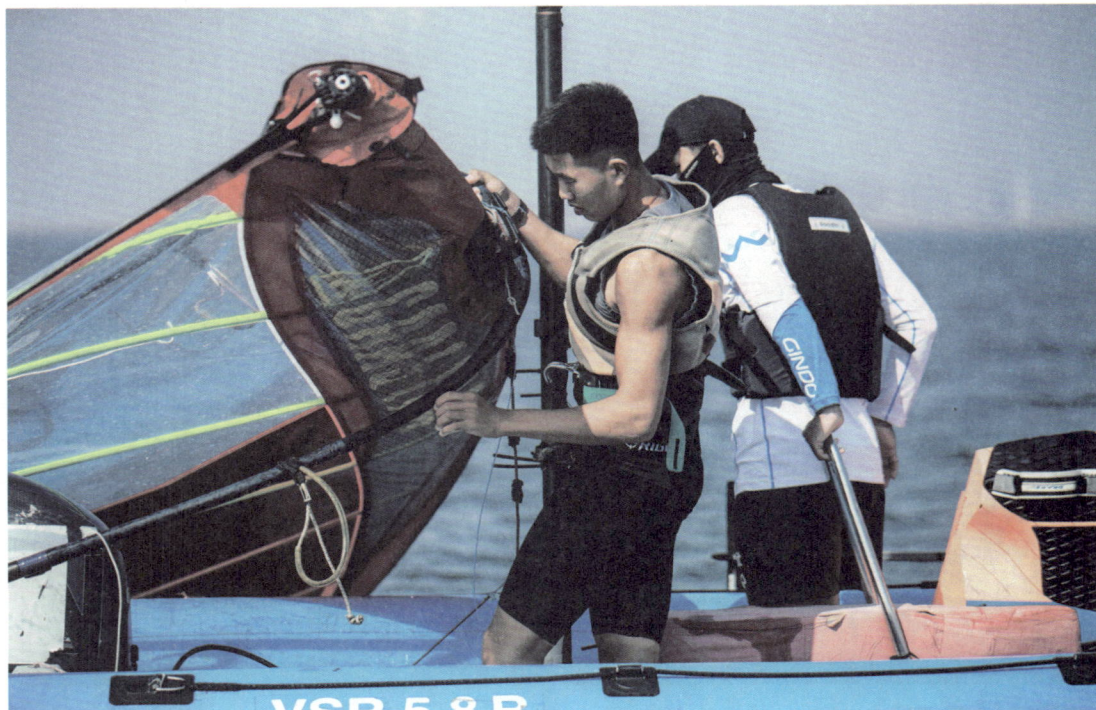

（3）松开下拉索，拆下加长杆并放好。

（4）将桅杆从帆中抽出并放好（注意桅杆有两节）。

（5）将帆从上往下卷起（不要折叠），存放在救生船内。救生船航行至安全区域。

4.7 协助风筝冲浪选手

风筝冲浪是近些年新兴的运动，选手在由一个强大的风筝驱动的滑板上，借助板在海面上滑行。救生船在救援风筝冲浪选手时，最好先询问他们需要何种帮助，因为他们更加了解自己的器材。

由于落水的风筝及控制线位于选手下风区域，板和断开的控制线通常处于上风位置。因此，在接近风筝冲浪选手时，应从与风向呈90°的方向靠近，确认选手情况，并视情况进行处置。

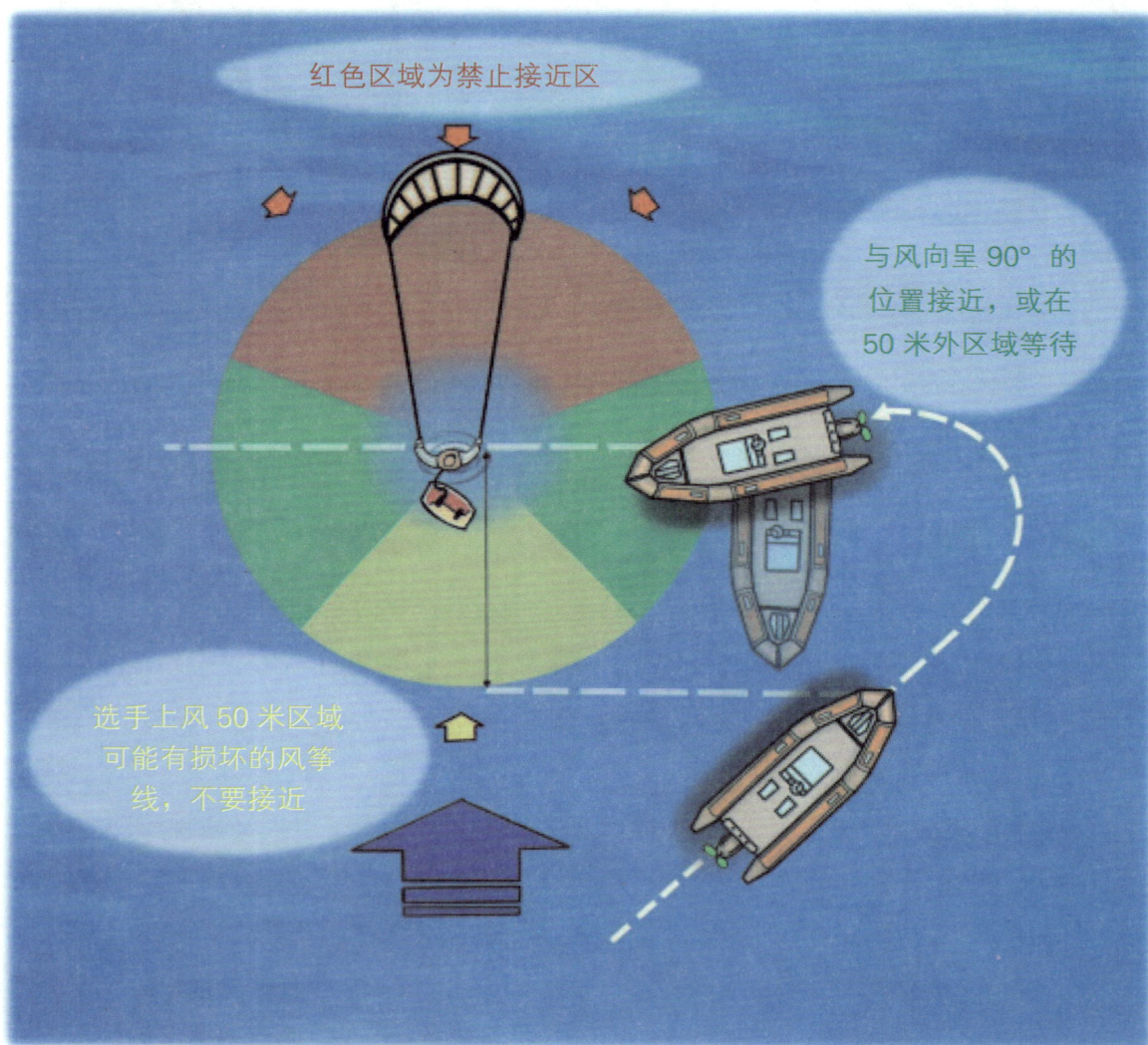

红色区域为禁止接近区

与风向呈 90° 的位置接近，或在 50 米外区域等待

选手上风 50 米区域可能有损坏的风筝线，不要接近

基本救援

当选手未受伤，且不处于危险环境时，可以要求其自行将风筝线收起，并控制住风筝。救生船操作如下：

（1）救生船从横风方向接近。与选手接触后熄火。

（2）将板、手柄和风筝收起，拉选手上船。确保在救援过程中风筝始终处于反扣的状态。

（3）将风筝排气阀打开，将前缘排气；拆掉风筝线，并从两头向中间卷起。

（4）将风筝收好后，确认螺旋桨附近没有绳索，再启动发动机，返回安全区域。

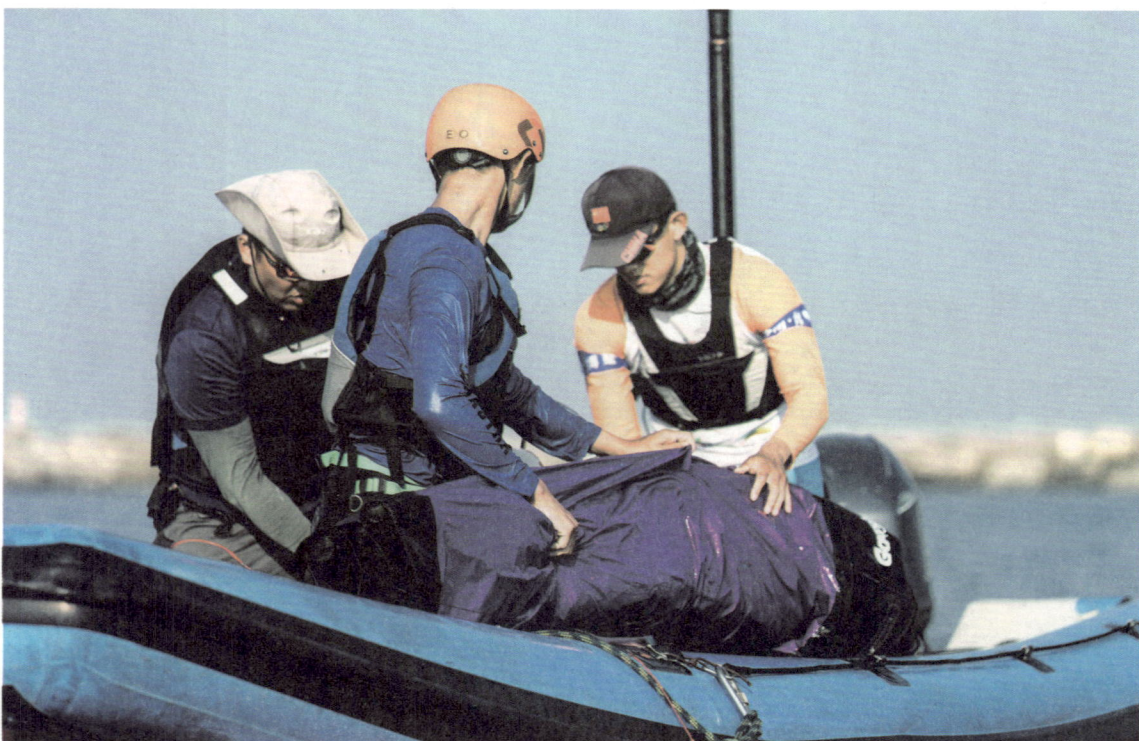

安全抛弃风筝

如果选手受伤，无法自行收起风筝，则本着"先救人，后救器材"的原则，先对选手进行施救。

（1）从横风方向接近选手，与选手接触，要求其打开风筝的安全释放装置，将风筝卸力。

（2）将船锚固定在风筝的安全绳上，将风筝暂时锚在水中。

（3）将选手接上船，送至安全区域。

收起抛弃的风筝

（1）与风向呈90°的方向、略下风的位置接近风筝。

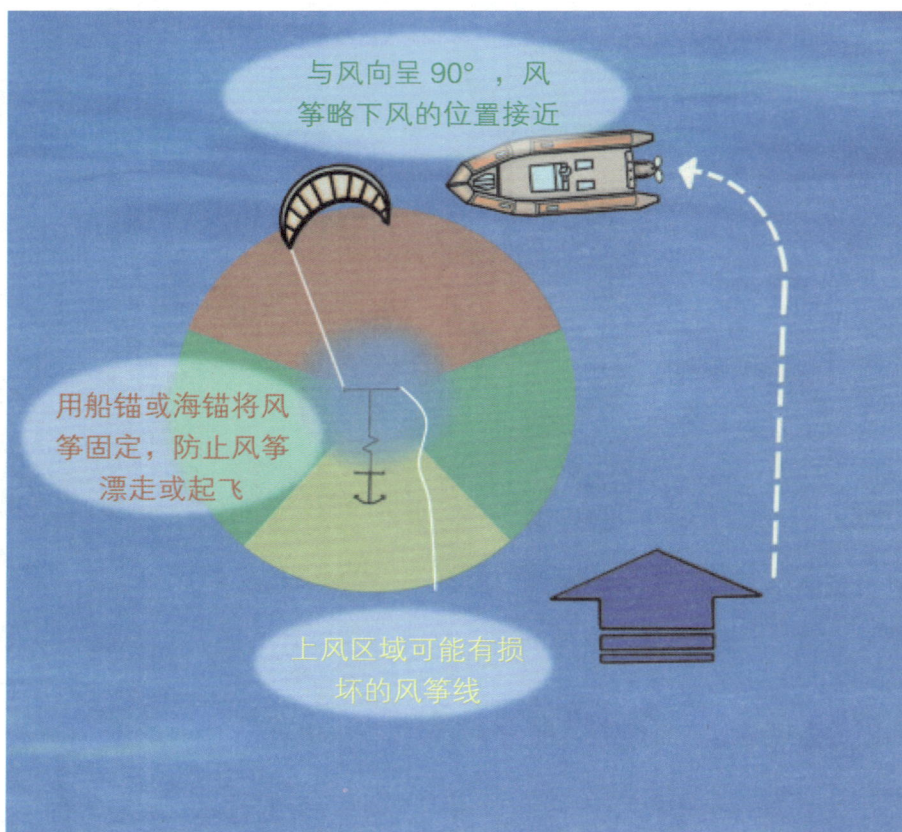

与风向呈90°，风筝略下风的位置接近

用船锚或海锚将风筝固定，防止风筝漂走或起飞

上风区域可能有损坏的风筝线

（2）救生员在船头接触风筝，尽快将其反扣，并打开阀门排气。

（3）将风筝卷起，收好后，沿风筝线将手柄和锚收起。

（4）全部器材收起后，确认螺旋桨附近没有绳索，再驶离。

4.8 / 拖船

拖带其他船时，有两种方法可以选择，即前后拖带和侧面拖带。救生员应根据情况选择合适的拖船方法。

前后拖带

优点：

准备速度快；

只需要一根拖缆；

两船间距较大；

可以快速脱离。

缺点：

对被拖船只的控制很有限；

在涌浪较大的情况下，拖拽点的受力较大。

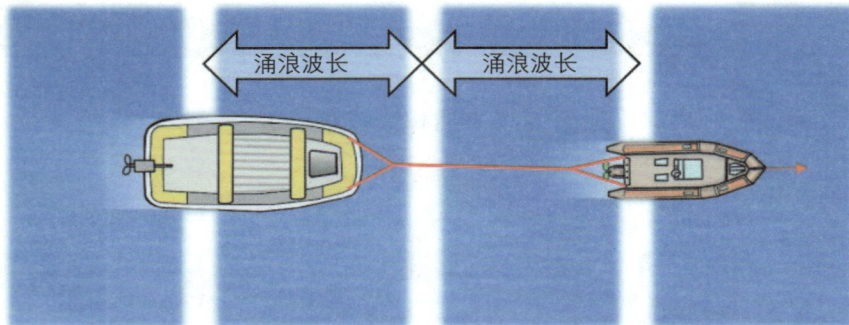

（1）首先准备好拖缆，最好使用两个拖拽点分散受力。涌浪较大时，拖缆长度应至少为两倍涌浪波长。

（2）接近需要拖带的船只，传递拖缆。

（3）将拖缆连接到被拖带船只的船首缆或羊角上。拖带小帆船时，将绳子固定在桅杆上，并提起稳向板，让选手坐在靠近船尾的位置以抬高船头，扶住舵控制方向。

（4）缓慢驶离，直到拖缆拉紧。持续观察被拖船只的状况。有涌浪时，应调节拖缆长度，直至两船航行在两个涌浪的同样位置，并间隔至少一个浪峰。

（5）拖带多条小帆船时，可以将后一条船的船首缆固定在前一条船的压舷带上，被拖带船应提起稳向板和舵，仅最后一条船的舵放下并留一名选手控制方向。

侧面拖带

需要对被拖带船进行停靠码头等精细控制时，可以采用侧面拖带的形式。首先将两条船按下图所示连接。拖带船在被拖船的侧后方，船头向内倾斜，这样可以辅助转向。启动前确保将所有绳索拉紧。

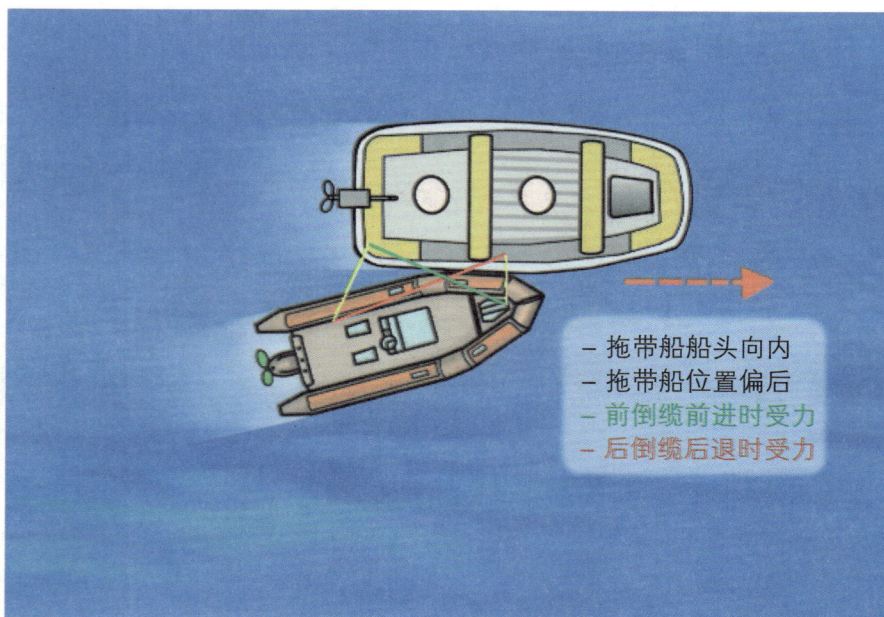

– 拖带船船头向内
– 拖带船位置偏后
– 前倒缆前进时受力
– 后倒缆后退时受力

两船的位置关系及固定方法

（1）按图示固定好缆绳并拉紧。

（2）注意控制拖带的速度。

拖带高性能船

（1）从侧面拖带有侧翼的高性能船只时，首先要求选手将船只向下风倾斜，救生船从后方接近。

（2）让救生船一侧的气囊位于船只侧翼下方。

（3）选手移动到救生船一侧，将侧翼压在气囊上，松开或落下帆，提起稳向板。舵手控制舵协助转向。

附　录

常用绳结

双半结 •

通常用于将绳子固定在一个闭合的环或柱子上，较牢固。双半结可以在绳子受力的情况下打开。

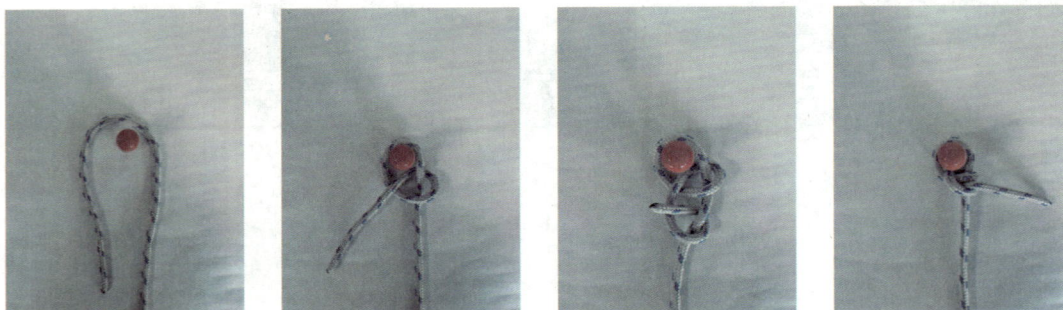

旋圆双半结 •

与双半结作用相同，但更牢固。即使在绳结受力较大时也容易打开。

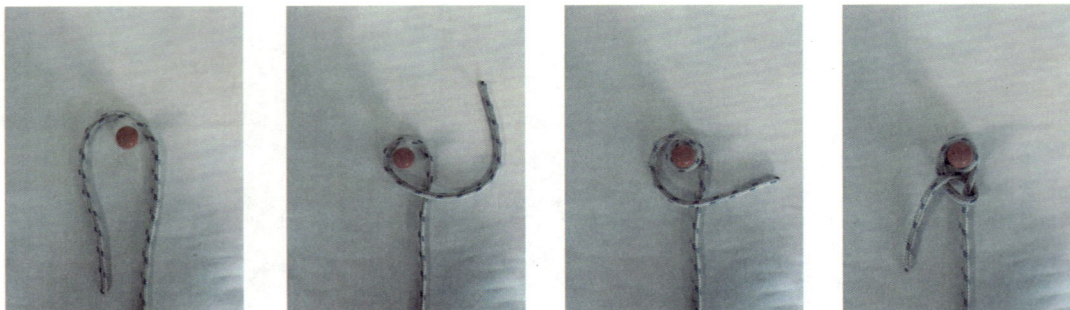

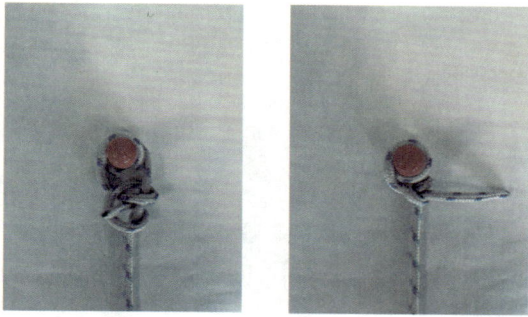

单套结

可以在绳子末端做出一个固定尺寸的绳套，非常牢固。单套结在受力时无法打开，不受力时很容易打开。

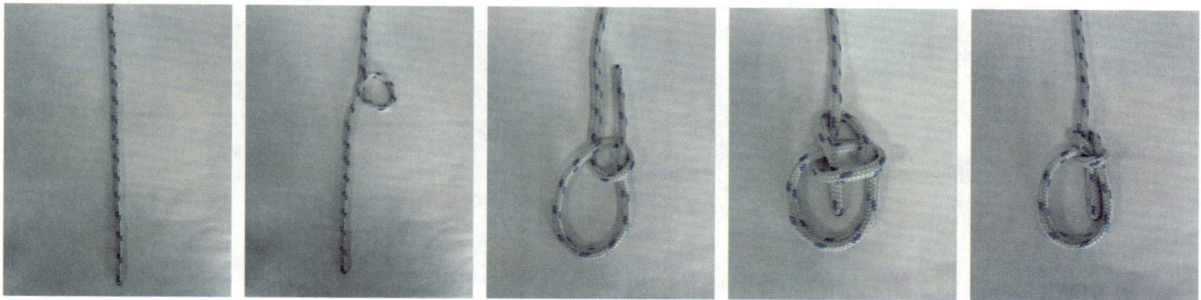

接绳结

可以将两根不同直径的绳子接在一起，主要用于连接拖船绳和船首缆。

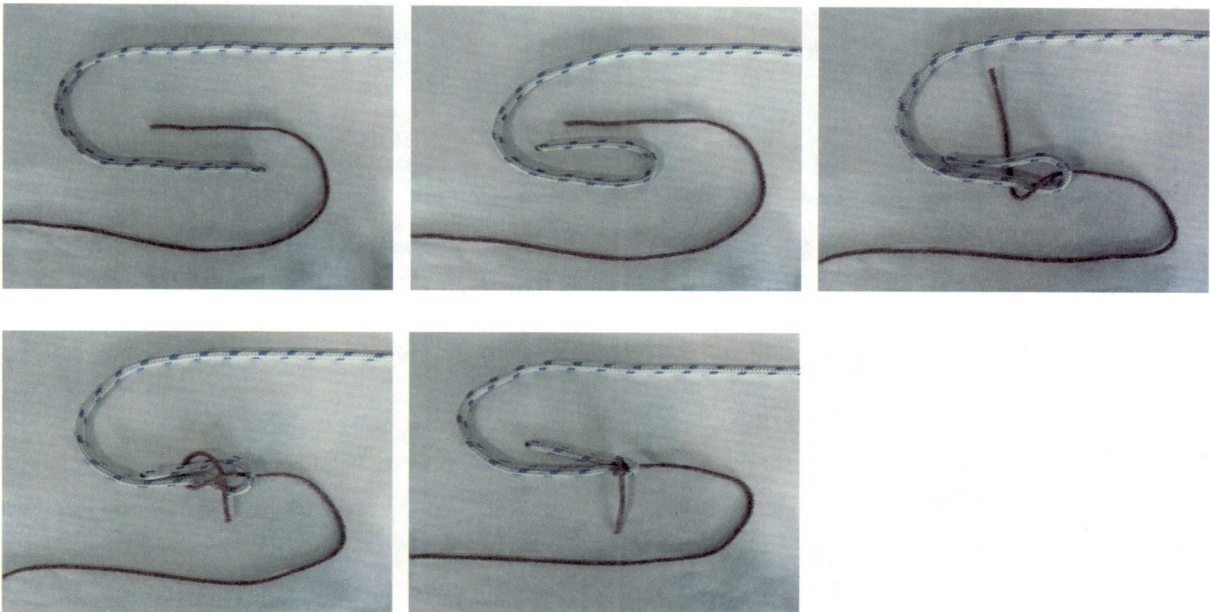

双接绳结

与接绳结作用相同，更牢固，适合两根绳子直径差别很大时使用。

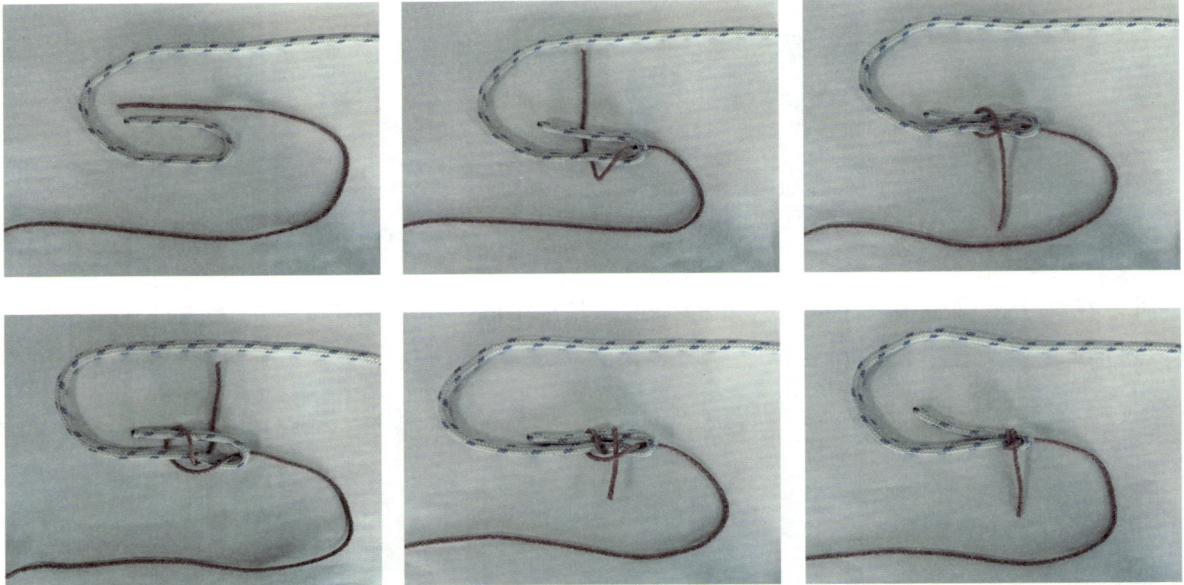

八字结

绳尾止脱结，防止绳子从滑轮中滑脱。不受力时容易打开。

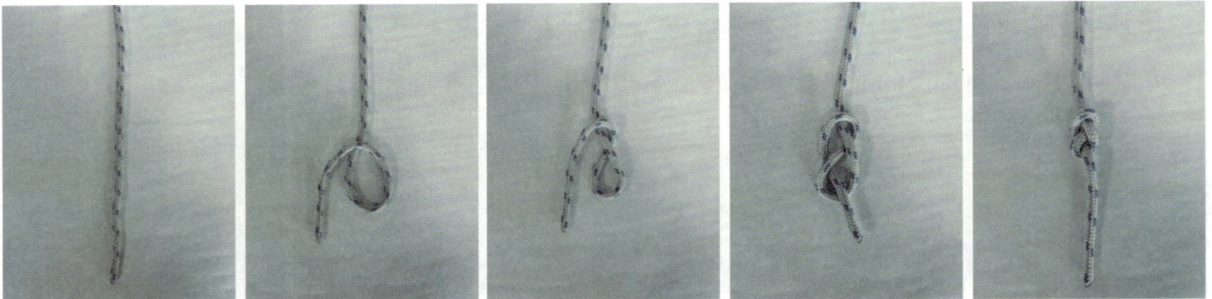

轮结

用于将一根绳子固定在另一根绳子上，打结时要注意方向。

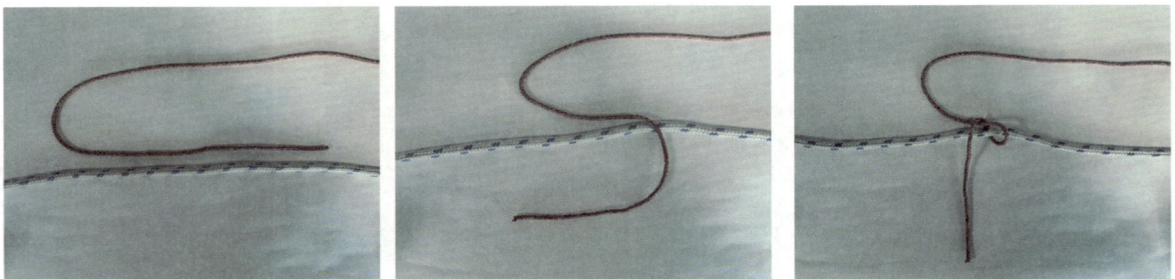

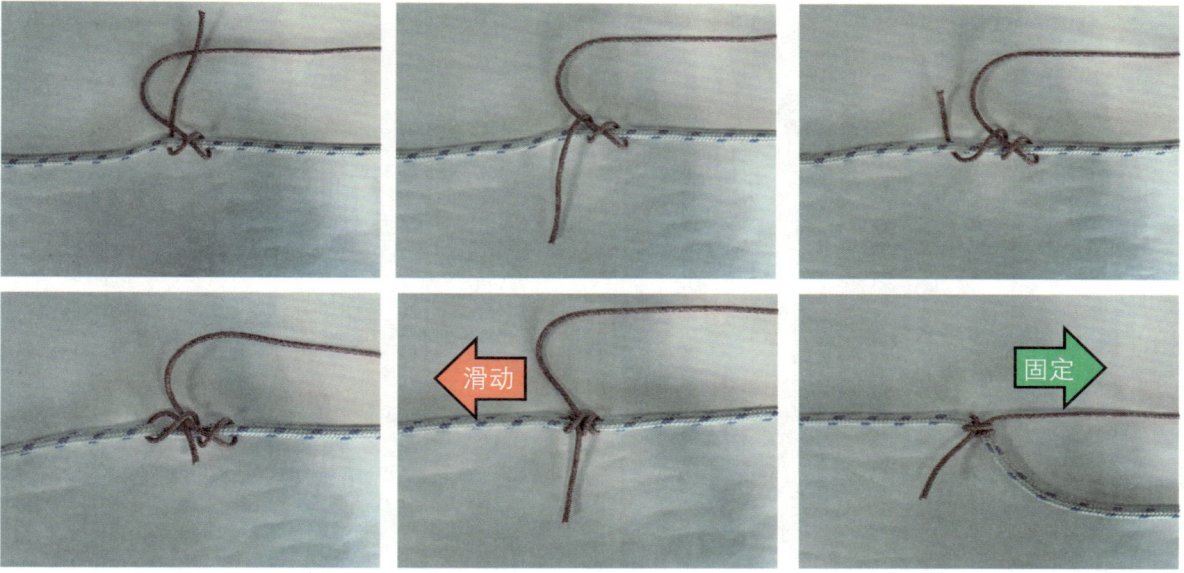